Stamp Name	Page	Stamp Name	Page
	3		40
	4		41
	5		42
	6		43
	7		44
	8		45
	9		46
	10		47
	11		48
	12		49
	13		50
	14		51
	15		52
	16		53
	17		54
	18		55
	19		56
	20		57
	21		58
	22		59
	23		60
	24		61
	25		62
	26		63
	27		64
	28		65
	29		66
	30		67
	31		68
	32		69
	33		70
	34		71
	35		72
	36		73
	37		74
	38		75
	39		76

Stamp Name	Page	Stamp Name	Page
	77		114
	78		115
	79		116
	80		117
	81		118
	82		119
	83		120
	84		121
	85		122
	86		123
	87		124
	88		125
	89		126
	90		127
	91		128
	92		129
	93		130
	94		131
	95		132
	96		133
	97		134
	98		135
	99		136
	100		137
	101		138
	102		139
	103		140
	104		141
	105		142
	106		143
	107		144
	108		145
	109		146
	110		147
	111		148
	112		149
	113		150

Stamp Name: _____

Quantity: _____

Date Purchased/Obtained: _____

Purchased/Obtained From: _____

Purchase Price: _____

Condition: _____

Description: _____

_____

_____

_____

_____

Additional Notes: _____

_____

_____

_____

_____

Photograph or Sketch:

Stamp Name: _____

Quantity: _____

Date Purchased/Obtained: _____

Purchased/Obtained From: _____

Purchase Price: _____

Condition: _____

Description: _____

_____

_____

_____

_____

Additional Notes: _____

_____

_____

_____

Photograph or Sketch:

Stamp Name: _____

Quantity: _____

Date Purchased/Obtained: _____

Purchased/Obtained From: _____

Purchase Price: _____

Condition: _____

Description: _____

_____

_____

_____

_____

Additional Notes: _____

_____

_____

_____

_____

Photograph or Sketch:

Stamp Name: _____

Quantity: _____

Date Purchased/Obtained: _____

Purchased/Obtained From: _____

Purchase Price: _____

Condition: _____

Description: _____

_____

_____

_____

_____

Additional Notes: _____

_____

_____

_____

Photograph or Sketch:

Stamp Name: _____

Quantity: _____

Date Purchased/Obtained: _____

Purchased/Obtained From: _____

Purchase Price: _____

Condition: _____

Description: _____

_____

_____

_____

_____

Additional Notes: _____

_____

_____

_____

Photograph or Sketch:

Stamp Name: _____

Quantity: _____

Date Purchased/Obtained: _____

Purchased/Obtained From: _____

Purchase Price: _____

Condition: _____

Description: _____
_____
_____
_____
_____

Additional Notes: _____
_____
_____
_____
_____

Photograph or Sketch:

Stamp Name: _____

Quantity: _____

Date Purchased/Obtained: _____

Purchased/Obtained From: _____

Purchase Price: _____

Condition: _____

Description: _____

_____

_____

_____

Additional Notes: _____

_____

_____

_____

Photograph or Sketch:

Stamp Name: _____

Quantity: _____

Date Purchased/Obtained: _____

Purchased/Obtained From: _____

Purchase Price: _____

Condition: _____

Description: _____

_____

_____

_____

Additional Notes: _____

_____

_____

_____

Photograph or Sketch:

Stamp Name: _____

Quantity: _____

Date Purchased/Obtained: _____

Purchased/Obtained From: _____

Purchase Price: _____

Condition: _____

Description: _____
_____
_____
_____
_____

Additional Notes: _____
_____
_____
_____
_____

Photograph or Sketch:

Stamp Name: _____

Quantity: _____

Date Purchased/Obtained: _____

Purchased/Obtained From: _____

Purchase Price: _____

Condition: _____

Description: _____

_____

_____

_____

Additional Notes: _____

_____

_____

_____

Photograph or Sketch:

Stamp Name: _____

Quantity: _____

Date Purchased/Obtained: _____

Purchased/Obtained From: _____

Purchase Price: _____

Condition: _____

Description: _____

_____

_____

_____

Additional Notes: _____

_____

_____

_____

Photograph or Sketch:

Stamp Name: _____

Quantity: _____

Date Purchased/Obtained: _____

Purchased/Obtained From: _____

Purchase Price: _____

Condition: _____

Description: _____

_____

_____

_____

_____

Additional Notes: _____

_____

_____

_____

Photograph or Sketch:

Stamp Name: _____

Quantity: _____

Date Purchased/Obtained: _____

Purchased/Obtained From: _____

Purchase Price: _____

Condition: _____

Description: _____

_____

_____

_____

_____

Additional Notes: _____

_____

_____

_____

_____

Photograph or Sketch:

Stamp Name: _____

Quantity: _____

Date Purchased/Obtained: _____

Purchased/Obtained From: _____

Purchase Price: _____

Condition: _____

Description: _____

_____

_____

_____

_____

Additional Notes: _____

_____

_____

_____

Photograph or Sketch:

Stamp Name: _____

Quantity: _____

Date Purchased/Obtained: _____

Purchased/Obtained From: _____

Purchase Price: _____

Condition: _____

Description: _____

_____

_____

_____

Additional Notes: _____

_____

_____

_____

Photograph or Sketch:

Stamp Name: _____

Quantity: _____

Date Purchased/Obtained: _____

Purchased/Obtained From: _____

Purchase Price: _____

Condition: _____

Description: _____
_____
_____
_____

Additional Notes: _____
_____
_____
_____

Photograph or Sketch:

Stamp Name: _____

Quantity: _____

Date Purchased/Obtained: _____

Purchased/Obtained From: _____

Purchase Price: _____

Condition: _____

Description: _____

_____

_____

_____

Additional Notes: _____

_____

_____

_____

Photograph or Sketch:

Stamp Name: _____

Quantity: _____

Date Purchased/Obtained: _____

Purchased/Obtained From: _____

Purchase Price: _____

Condition: _____

Description: _____
_____
_____
_____
_____

Additional Notes: _____
_____
_____
_____
_____

Photograph or Sketch:

Stamp Name: _____

Quantity: _____

Date Purchased/Obtained: _____

Purchased/Obtained From: _____

Purchase Price: _____

Condition: _____

Description: _____
_____
_____
_____
_____

Additional Notes: _____
_____
_____
_____
_____

Photograph or Sketch:

Stamp Name: _____

Quantity: _____

Date Purchased/Obtained: _____

Purchased/Obtained From: _____

Purchase Price: _____

Condition: _____

Description: _____

_____

_____

_____

Additional Notes: _____

_____

_____

_____

Photograph or Sketch:

Stamp Name: _____

Quantity: _____

Date Purchased/Obtained: _____

Purchased/Obtained From: _____

Purchase Price: _____

Condition: _____

Description: _____
_____
_____
_____

Additional Notes: _____
_____
_____
_____

Photograph or Sketch:

Stamp Name: _____

Quantity: _____

Date Purchased/Obtained: _____

Purchased/Obtained From: _____

Purchase Price: _____

Condition: _____

Description: _____

_____

_____

_____

_____

Additional Notes: _____

_____

_____

_____

Photograph or Sketch:

Stamp Name: _____

Quantity: _____

Date Purchased/Obtained: _____

Purchased/Obtained From: _____

Purchase Price: _____

Condition: _____

Description: _____

_____

_____

_____

_____

Additional Notes: _____

_____

_____

_____

_____

Photograph or Sketch:

Stamp Name: _____

Quantity: _____

Date Purchased/Obtained: _____

Purchased/Obtained From: _____

Purchase Price: _____

Condition: _____

Description: _____

_____

_____

_____

_____

Additional Notes: _____

_____

_____

_____

Photograph or Sketch:

Stamp Name: _____

Quantity: _____

Date Purchased/Obtained: _____

Purchased/Obtained From: _____

Purchase Price: _____

Condition: _____

Description: _____

_____

_____

_____

_____

Additional Notes: _____

_____

_____

_____

Photograph or Sketch:

Stamp Name: _____

Quantity: _____

Date Purchased/Obtained: _____

Purchased/Obtained From: _____

Purchase Price: _____

Condition: _____

Description: _____
_____
_____
_____

Additional Notes: _____
_____
_____
_____

Photograph or Sketch:

Stamp Name: _____

Quantity: _____

Date Purchased/Obtained: _____

Purchased/Obtained From: _____

Purchase Price: _____

Condition: _____

Description: _____

_____

_____

_____

_____

Additional Notes: _____

_____

_____

_____

Photograph or Sketch:

Stamp Name: _____

Quantity: _____

Date Purchased/Obtained: _____

Purchased/Obtained From: _____

Purchase Price: _____

Condition: _____

Description: _____

_____

_____

_____

Additional Notes: _____

_____

_____

_____

Photograph or Sketch:

Stamp Name: _____

Quantity: _____

Date Purchased/Obtained: _____

Purchased/Obtained From: _____

Purchase Price: _____

Condition: _____

Description: _____

_____

_____

_____

_____

Additional Notes: _____

_____

_____

_____

_____

Photograph or Sketch:

Stamp Name: _____

Quantity: _____

Date Purchased/Obtained: _____

Purchased/Obtained From: _____

Purchase Price: _____

Condition: _____

Description: _____

_____

_____

_____

Additional Notes: _____

_____

_____

_____

Photograph or Sketch:

Stamp Name: _____

Quantity: _____

Date Purchased/Obtained: _____

Purchased/Obtained From: _____

Purchase Price: _____

Condition: _____

Description: _____

_____

_____

_____

Additional Notes: _____

_____

_____

_____

Photograph or Sketch:

Stamp Name: _____

Quantity: _____

Date Purchased/Obtained: _____

Purchased/Obtained From: _____

Purchase Price: _____

Condition: _____

Description: _____

_____

_____

_____

Additional Notes: _____

_____

_____

_____

Photograph or Sketch:

Stamp Name: _____

Quantity: _____

Date Purchased/Obtained: _____

Purchased/Obtained From: _____

Purchase Price: _____

Condition: _____

Description: _____

_____

_____

_____

Additional Notes: _____

_____

_____

_____

Photograph or Sketch:

Stamp Name: _____

Quantity: _____

Date Purchased/Obtained: _____

Purchased/Obtained From: _____

Purchase Price: _____

Condition: _____

Description: _____
_____
_____
_____
_____

Additional Notes: _____
_____
_____
_____

Photograph or Sketch:

Stamp Name: _____

Quantity: _____

Date Purchased/Obtained: _____

Purchased/Obtained From: _____

Purchase Price: _____

Condition: _____

Description: _____

_____

_____

_____

Additional Notes: _____

_____

_____

_____

Photograph or Sketch:

Stamp Name: _____

Quantity: _____

Date Purchased/Obtained: _____

Purchased/Obtained From: _____

Purchase Price: _____

Condition: _____

Description: _____
_____
_____
_____
_____

Additional Notes: _____
_____
_____
_____
_____

Photograph or Sketch:

Stamp Name: _____

Quantity: _____

Date Purchased/Obtained: _____

Purchased/Obtained From: _____

Purchase Price: _____

Condition: _____

Description: _____

_____

_____

_____

Additional Notes: _____

_____

_____

_____

Photograph or Sketch:

Stamp Name: _____

Quantity: _____

Date Purchased/Obtained: _____

Purchased/Obtained From: _____

Purchase Price: _____

Condition: _____

Description: _____

_____

_____

_____

_____

Additional Notes: _____

_____

_____

_____

Photograph or Sketch:

Stamp Name: _____

Quantity: _____

Date Purchased/Obtained: _____

Purchased/Obtained From: _____

Purchase Price: _____

Condition: _____

Description: _____

_____

_____

_____

Additional Notes: _____

_____

_____

_____

Photograph or Sketch:

Stamp Name: _____

Quantity: _____

Date Purchased/Obtained: _____

Purchased/Obtained From: _____

Purchase Price: _____

Condition: _____

Description: _____
_____
_____
_____
_____

Additional Notes: _____
_____
_____
_____

Photograph or Sketch:

Stamp Name: _____

Quantity: _____

Date Purchased/Obtained: _____

Purchased/Obtained From: _____

Purchase Price: _____

Condition: _____

Description: _____

_____

_____

_____

Additional Notes: _____

_____

_____

_____

Photograph or Sketch:

Stamp Name: _____

Quantity: _____

Date Purchased/Obtained: _____

Purchased/Obtained From: _____

Purchase Price: _____

Condition: _____

Description: _____

_____

_____

_____

_____

Additional Notes: _____

_____

_____

_____

Photograph or Sketch:

Stamp Name: _____

Quantity: _____

Date Purchased/Obtained: _____

Purchased/Obtained From: _____

Purchase Price: _____

Condition: _____

Description: _____

_____

_____

_____

_____

Additional Notes: _____

_____

_____

_____

Photograph or Sketch:

Stamp Name: _____

Quantity: _____

Date Purchased/Obtained: _____

Purchased/Obtained From: _____

Purchase Price: _____

Condition: _____

Description: _____

_____

_____

_____

_____

Additional Notes: _____

_____

_____

_____

Photograph or Sketch:

Stamp Name: _____

Quantity: _____

Date Purchased/Obtained: _____

Purchased/Obtained From: _____

Purchase Price: _____

Condition: _____

Description: _____

_____

_____

_____

Additional Notes: _____

_____

_____

_____

Photograph or Sketch:

Stamp Name: _____

Quantity: _____

Date Purchased/Obtained: _____

Purchased/Obtained From: _____

Purchase Price: _____

Condition: _____

Description: _____

_____

_____

_____

Additional Notes: _____

_____

_____

_____

Photograph or Sketch:

Stamp Name: _____

Quantity: _____

Date Purchased/Obtained: _____

Purchased/Obtained From: _____

Purchase Price: _____

Condition: _____

Description: _____

_____

_____

_____

Additional Notes: _____

_____

_____

_____

Photograph or Sketch:

Stamp Name: _____

Quantity: _____

Date Purchased/Obtained: _____

Purchased/Obtained From: _____

Purchase Price: _____

Condition: _____

Description: _____

_____

_____

_____

Additional Notes: _____

_____

_____

_____

Photograph or Sketch:

Stamp Name: _____

Quantity: _____

Date Purchased/Obtained: _____

Purchased/Obtained From: _____

Purchase Price: _____

Condition: _____

Description: _____

_____

_____

_____

_____

Additional Notes: _____

_____

_____

_____

_____

Photograph or Sketch:

Stamp Name: _____

Quantity: _____

Date Purchased/Obtained: _____

Purchased/Obtained From: _____

Purchase Price: _____

Condition: _____

Description: _____

_____

_____

_____

Additional Notes: _____

_____

_____

_____

Photograph or Sketch:

Stamp Name: _____

Quantity: _____

Date Purchased/Obtained: _____

Purchased/Obtained From: _____

Purchase Price: _____

Condition: _____

Description: _____

_____

_____

_____

Additional Notes: _____

_____

_____

_____

Photograph or Sketch:

Stamp Name: _____

Quantity: _____

Date Purchased/Obtained: _____

Purchased/Obtained From: _____

Purchase Price: _____

Condition: _____

Description: _____
_____
_____
_____
_____

Additional Notes: _____
_____
_____
_____

Photograph or Sketch:

Stamp Name: _____

Quantity: _____

Date Purchased/Obtained: _____

Purchased/Obtained From: _____

Purchase Price: _____

Condition: _____

Description: _____
_____
_____
_____

Additional Notes: _____
_____
_____
_____

Photograph or Sketch:

Stamp Name: _____

Quantity: _____

Date Purchased/Obtained: _____

Purchased/Obtained From: _____

Purchase Price: _____

Condition: _____

Description: _____
_____
_____
_____
_____

Additional Notes: _____
_____
_____
_____
_____

Photograph or Sketch:

Stamp Name: _____

Quantity: _____

Date Purchased/Obtained: _____

Purchased/Obtained From: _____

Purchase Price: _____

Condition: _____

Description: _____

_____

_____

_____

_____

Additional Notes: _____

_____

_____

_____

Photograph or Sketch:

Stamp Name: _____

Quantity: _____

Date Purchased/Obtained: _____

Purchased/Obtained From: _____

Purchase Price: _____

Condition: _____

Description: _____

_____

_____

_____

Additional Notes: _____

_____

_____

_____

Photograph or Sketch:

Stamp Name: _____

Quantity: _____

Date Purchased/Obtained: _____

Purchased/Obtained From: _____

Purchase Price: _____

Condition: _____

Description: _____

_____

_____

_____

Additional Notes: _____

_____

_____

_____

Photograph or Sketch:

Stamp Name: _____

Quantity: _____

Date Purchased/Obtained: _____

Purchased/Obtained From: _____

Purchase Price: _____

Condition: _____

Description: _____

_____

_____

_____

_____

Additional Notes: _____

_____

_____

_____

Photograph or Sketch:

Stamp Name: _____

Quantity: _____

Date Purchased/Obtained: _____

Purchased/Obtained From: _____

Purchase Price: _____

Condition: _____

Description: _____

_____

_____

_____

Additional Notes: _____

_____

_____

_____

Photograph or Sketch:

Stamp Name: _____

Quantity: _____

Date Purchased/Obtained: _____

Purchased/Obtained From: _____

Purchase Price: _____

Condition: _____

Description: _____

_____

_____

_____

Additional Notes: _____

_____

_____

_____

Photograph or Sketch:

Stamp Name: _____

Quantity: _____

Date Purchased/Obtained: _____

Purchased/Obtained From: _____

Purchase Price: _____

Condition: _____

Description: _____
_____
_____
_____
_____

Additional Notes: _____
_____
_____
_____

Photograph or Sketch:

Stamp Name: _____

Quantity: _____

Date Purchased/Obtained: _____

Purchased/Obtained From: _____

Purchase Price: _____

Condition: _____

Description: _____

_____

_____

_____

_____

Additional Notes: _____

_____

_____

_____

_____

Photograph or Sketch:

Stamp Name: _____

Quantity: _____

Date Purchased/Obtained: _____

Purchased/Obtained From: _____

Purchase Price: _____

Condition: _____

Description: _____

_____

_____

_____

Additional Notes: _____

_____

_____

_____

Photograph or Sketch:

Stamp Name: _____

Quantity: _____

Date Purchased/Obtained: _____

Purchased/Obtained From: _____

Purchase Price: _____

Condition: _____

Description: _____

_____

_____

_____

Additional Notes: _____

_____

_____

_____

Photograph or Sketch:

Stamp Name: _____

Quantity: _____

Date Purchased/Obtained: _____

Purchased/Obtained From: _____

Purchase Price: _____

Condition: _____

Description: _____

_____

_____

_____

Additional Notes: _____

_____

_____

_____

Photograph or Sketch:

Stamp Name: _____

Quantity: _____

Date Purchased/Obtained: _____

Purchased/Obtained From: _____

Purchase Price: _____

Condition: _____

Description: _____
_____
_____
_____

Additional Notes: _____
_____
_____
_____

Photograph or Sketch:

Stamp Name: _____

Quantity: _____

Date Purchased/Obtained: _____

Purchased/Obtained From: _____

Purchase Price: _____

Condition: _____

Description: _____
_____
_____
_____

Additional Notes: _____
_____
_____
_____

Photograph or Sketch:

Stamp Name: _____

Quantity: _____

Date Purchased/Obtained: _____

Purchased/Obtained From: _____

Purchase Price: _____

Condition: _____

Description: _____

_____

_____

_____

Additional Notes: _____

_____

_____

_____

Photograph or Sketch:

Stamp Name: _____

Quantity: _____

Date Purchased/Obtained: _____

Purchased/Obtained From: _____

Purchase Price: _____

Condition: _____

Description: _____

_____

_____

_____

Additional Notes: _____

_____

_____

_____

Photograph or Sketch:

Stamp Name: _____

Quantity: _____

Date Purchased/Obtained: _____

Purchased/Obtained From: _____

Purchase Price: _____

Condition: _____

Description: _____

_____

_____

_____

Additional Notes: _____

_____

_____

_____

Photograph or Sketch:

Stamp Name: _____

Quantity: _____

Date Purchased/Obtained: _____

Purchased/Obtained From: _____

Purchase Price: _____

Condition: _____

Description: _____

_____

_____

_____

Additional Notes: _____

_____

_____

_____

Photograph or Sketch:

Stamp Name: _____

Quantity: _____

Date Purchased/Obtained: _____

Purchased/Obtained From: _____

Purchase Price: _____

Condition: _____

Description: _____

_____

_____

_____

Additional Notes: _____

_____

_____

_____

Photograph or Sketch:

Stamp Name: _____

Quantity: _____

Date Purchased/Obtained: _____

Purchased/Obtained From: _____

Purchase Price: _____

Condition: _____

Description: _____

_____

_____

_____

_____

Additional Notes: _____

_____

_____

_____

Photograph or Sketch:

Stamp Name: _____

Quantity: _____

Date Purchased/Obtained: _____

Purchased/Obtained From: _____

Purchase Price: _____

Condition: _____

Description: _____

_____

_____

_____

Additional Notes: _____

_____

_____

_____

Photograph or Sketch:

Stamp Name: _____

Quantity: _____

Date Purchased/Obtained: _____

Purchased/Obtained From: _____

Purchase Price: _____

Condition: _____

Description: _____

_____

_____

_____

_____

Additional Notes: _____

_____

_____

_____

Photograph or Sketch:

Stamp Name: _____

Quantity: _____

Date Purchased/Obtained: _____

Purchased/Obtained From: _____

Purchase Price: _____

Condition: _____

Description: _____
_____
_____
_____
_____

Additional Notes: _____
_____
_____
_____
_____

Photograph or Sketch:

Stamp Name: _____

Quantity: _____

Date Purchased/Obtained: _____

Purchased/Obtained From: _____

Purchase Price: _____

Condition: _____

Description: _____
_____
_____
_____
_____

Additional Notes: _____
_____
_____
_____
_____

Photograph or Sketch:

Stamp Name: _____

Quantity: _____

Date Purchased/Obtained: _____

Purchased/Obtained From: _____

Purchase Price: _____

Condition: _____

Description: _____

_____

_____

_____

_____

Additional Notes: _____

_____

_____

_____

_____

Photograph or Sketch:

Stamp Name: _____

Quantity: _____

Date Purchased/Obtained: _____

Purchased/Obtained From: _____

Purchase Price: _____

Condition: _____

Description: _____

_____

_____

_____

_____

Additional Notes: _____

_____

_____

_____

_____

Photograph or Sketch:

Stamp Name: _____

Quantity: _____

Date Purchased/Obtained: _____

Purchased/Obtained From: _____

Purchase Price: _____

Condition: _____

Description: _____

_____

_____

_____

_____

Additional Notes: _____

_____

_____

_____

_____

Photograph or Sketch:

Stamp Name: _____

Quantity: _____

Date Purchased/Obtained: _____

Purchased/Obtained From: _____

Purchase Price: _____

Condition: _____

Description: _____

_____

_____

_____

_____

Additional Notes: _____

_____

_____

_____

_____

Photograph or Sketch:

Stamp Name: _____

Quantity: _____

Date Purchased/Obtained: _____

Purchased/Obtained From: _____

Purchase Price: _____

Condition: _____

Description: _____
_____
_____
_____
_____

Additional Notes: _____
_____
_____
_____
_____

Photograph or Sketch:

Stamp Name: _____

Quantity: _____

Date Purchased/Obtained: _____

Purchased/Obtained From: _____

Purchase Price: _____

Condition: _____

Description: _____

_____

_____

_____

_____

Additional Notes: _____

_____

_____

_____

_____

Photograph or Sketch:

Stamp Name: _____

Quantity: _____

Date Purchased/Obtained: _____

Purchased/Obtained From: _____

Purchase Price: _____

Condition: _____

Description: _____
_____
_____
_____
_____

Additional Notes: _____
_____
_____
_____
_____

Photograph or Sketch:

Stamp Name: _____

Quantity: _____

Date Purchased/Obtained: _____

Purchased/Obtained From: _____

Purchase Price: _____

Condition: _____

Description: _____

_____

_____

_____

Additional Notes: _____

_____

_____

_____

Photograph or Sketch:

Stamp Name: _____

Quantity: _____

Date Purchased/Obtained: _____

Purchased/Obtained From: _____

Purchase Price: _____

Condition: _____

Description: _____

_____

_____

_____

Additional Notes: _____

_____

_____

_____

Photograph or Sketch:

Stamp Name: _____

Quantity: _____

Date Purchased/Obtained: _____

Purchased/Obtained From: _____

Purchase Price: _____

Condition: _____

Description: _____
_____
_____
_____
_____

Additional Notes: _____
_____
_____
_____
_____

Photograph or Sketch:

Stamp Name: _____

Quantity: _____

Date Purchased/Obtained: _____

Purchased/Obtained From: _____

Purchase Price: _____

Condition: _____

Description: _____

_____

_____

_____

_____

Additional Notes: _____

_____

_____

_____

_____

Photograph or Sketch:

Stamp Name: _____

Quantity: _____

Date Purchased/Obtained: _____

Purchased/Obtained From: _____

Purchase Price: _____

Condition: _____

Description: _____
_____
_____
_____
_____

Additional Notes: _____
_____
_____
_____
_____

Photograph or Sketch:

Stamp Name: _____

Quantity: _____

Date Purchased/Obtained: _____

Purchased/Obtained From: _____

Purchase Price: _____

Condition: _____

Description: _____

_____

_____

_____

_____

Additional Notes: _____

_____

_____

_____

_____

Photograph or Sketch:

Stamp Name: _____

Quantity: _____

Date Purchased/Obtained: _____

Purchased/Obtained From: _____

Purchase Price: _____

Condition: _____

Description: _____

_____

_____

_____

_____

Additional Notes: _____

_____

_____

_____

Photograph or Sketch:

Stamp Name: _____

Quantity: _____

Date Purchased/Obtained: _____

Purchased/Obtained From: _____

Purchase Price: _____

Condition: _____

Description: _____

_____

_____

_____

_____

Additional Notes: _____

_____

_____

_____

_____

Photograph or Sketch:

Stamp Name: _____

Quantity: _____

Date Purchased/Obtained: _____

Purchased/Obtained From: _____

Purchase Price: _____

Condition: _____

Description: _____

_____

_____

_____

Additional Notes: _____

_____

_____

_____

Photograph or Sketch:

Stamp Name: _____

Quantity: _____

Date Purchased/Obtained: _____

Purchased/Obtained From: _____

Purchase Price: _____

Condition: _____

Description: _____

_____

_____

_____

_____

Additional Notes: _____

_____

_____

_____

Photograph or Sketch:

Stamp Name: _____

Quantity: _____

Date Purchased/Obtained: _____

Purchased/Obtained From: _____

Purchase Price: _____

Condition: _____

Description: _____

_____

_____

_____

_____

Additional Notes: _____

_____

_____

_____

_____

Photograph or Sketch:

Stamp Name: _____

Quantity: _____

Date Purchased/Obtained: _____

Purchased/Obtained From: _____

Purchase Price: _____

Condition: _____

Description: _____
_____
_____
_____
_____

Additional Notes: _____
_____
_____
_____
_____

Photograph or Sketch:

Stamp Name: _____

Quantity: _____

Date Purchased/Obtained: _____

Purchased/Obtained From: _____

Purchase Price: _____

Condition: _____

Description: _____

_____

_____

_____

_____

Additional Notes: _____

_____

_____

_____

_____

Photograph or Sketch:

Stamp Name: _____

Quantity: _____

Date Purchased/Obtained: _____

Purchased/Obtained From: _____

Purchase Price: _____

Condition: _____

Description: _____
_____
_____
_____
_____

Additional Notes: _____
_____
_____
_____
_____

Photograph or Sketch:

Stamp Name: _____

Quantity: _____

Date Purchased/Obtained: _____

Purchased/Obtained From: _____

Purchase Price: _____

Condition: _____

Description: _____
_____
_____
_____
_____

Additional Notes: _____
_____
_____
_____
_____

Photograph or Sketch:

Stamp Name: _____

Quantity: _____

Date Purchased/Obtained: _____

Purchased/Obtained From: _____

Purchase Price: _____

Condition: _____

Description: _____

_____

_____

_____

_____

Additional Notes: _____

_____

_____

_____

Photograph or Sketch:

Stamp Name: _____

Quantity: _____

Date Purchased/Obtained: _____

Purchased/Obtained From: _____

Purchase Price: _____

Condition: _____

Description: _____

_____

_____

_____

Additional Notes: _____

_____

_____

_____

Photograph or Sketch:

Stamp Name: _____

Quantity: _____

Date Purchased/Obtained: _____

Purchased/Obtained From: _____

Purchase Price: _____

Condition: _____

Description: _____

_____

_____

_____

_____

Additional Notes: _____

_____

_____

_____

Photograph or Sketch:

Stamp Name: _____

Quantity: _____

Date Purchased/Obtained: _____

Purchased/Obtained From: _____

Purchase Price: _____

Condition: _____

Description: _____

_____

_____

_____

_____

Additional Notes: _____

_____

_____

_____

Photograph or Sketch:

Stamp Name: _____

Quantity: _____

Date Purchased/Obtained: _____

Purchased/Obtained From: _____

Purchase Price: _____

Condition: _____

Description: _____

_____

_____

_____

_____

Additional Notes: _____

_____

_____

_____

Photograph or Sketch:

Stamp Name: _____

Quantity: _____

Date Purchased/Obtained: _____

Purchased/Obtained From: _____

Purchase Price: _____

Condition: _____

Description: _____

_____

_____

_____

_____

Additional Notes: _____

_____

_____

_____

Photograph or Sketch:

Stamp Name: _____

Quantity: _____

Date Purchased/Obtained: _____

Purchased/Obtained From: _____

Purchase Price: _____

Condition: _____

Description: _____

_____

_____

_____

Additional Notes: _____

_____

_____

_____

Photograph or Sketch:

Stamp Name: _____

Quantity: _____

Date Purchased/Obtained: _____

Purchased/Obtained From: _____

Purchase Price: _____

Condition: _____

Description: _____

_____

_____

_____

_____

Additional Notes: _____

_____

_____

_____

_____

Photograph or Sketch:

Stamp Name: _____

Quantity: _____

Date Purchased/Obtained: _____

Purchased/Obtained From: _____

Purchase Price: _____

Condition: _____

Description: _____
_____
_____
_____
_____

Additional Notes: _____
_____
_____
_____
_____

Photograph or Sketch:

Stamp Name: _____

Quantity: _____

Date Purchased/Obtained: _____

Purchased/Obtained From: _____

Purchase Price: _____

Condition: _____

Description: _____

_____

_____

_____

_____

Additional Notes: _____

_____

_____

_____

Photograph or Sketch:

Stamp Name: _____

Quantity: _____

Date Purchased/Obtained: _____

Purchased/Obtained From: _____

Purchase Price: _____

Condition: _____

Description: _____
_____
_____
_____
_____

Additional Notes: _____
_____
_____
_____
_____

Photograph or Sketch:

Stamp Name: _____

Quantity: _____

Date Purchased/Obtained: _____

Purchased/Obtained From: _____

Purchase Price: _____

Condition: _____

Description: _____

_____

_____

_____

_____

Additional Notes: _____

_____

_____

_____

Photograph or Sketch:

Stamp Name: _____

Quantity: _____

Date Purchased/Obtained: _____

Purchased/Obtained From: _____

Purchase Price: _____

Condition: _____

Description: _____
_____
_____
_____
_____

Additional Notes: _____
_____
_____
_____

Photograph or Sketch:

Stamp Name: _____

Quantity: _____

Date Purchased/Obtained: _____

Purchased/Obtained From: _____

Purchase Price: _____

Condition: _____

Description: _____

_____

_____

_____

_____

Additional Notes: _____

_____

_____

_____

_____

Photograph or Sketch:

Stamp Name: _____

Quantity: _____

Date Purchased/Obtained: _____

Purchased/Obtained From: _____

Purchase Price: _____

Condition: _____

Description: _____

_____

_____

_____

_____

Additional Notes: _____

_____

_____

_____

Photograph or Sketch:

Stamp Name: _____

Quantity: _____

Date Purchased/Obtained: _____

Purchased/Obtained From: _____

Purchase Price: _____

Condition: _____

Description: _____

_____

_____

_____

_____

Additional Notes: _____

_____

_____

_____

_____

Photograph or Sketch:

Stamp Name: _____

Quantity: _____

Date Purchased/Obtained: _____

Purchased/Obtained From: _____

Purchase Price: _____

Condition: _____

Description: _____
_____
_____
_____
_____

Additional Notes: _____
_____
_____
_____

Photograph or Sketch:

Stamp Name: _____

Quantity: _____

Date Purchased/Obtained: _____

Purchased/Obtained From: _____

Purchase Price: _____

Condition: _____

Description: _____

_____

_____

_____

_____

Additional Notes: _____

_____

_____

_____

_____

Photograph or Sketch:

Stamp Name: _____

Quantity: _____

Date Purchased/Obtained: _____

Purchased/Obtained From: _____

Purchase Price: _____

Condition: _____

Description: _____
_____
_____
_____
_____

Additional Notes: _____
_____
_____
_____
_____

Photograph or Sketch:

Stamp Name: _____

Quantity: _____

Date Purchased/Obtained: _____

Purchased/Obtained From: _____

Purchase Price: _____

Condition: _____

Description: _____
_____
_____
_____
_____

Additional Notes: _____
_____
_____
_____

Photograph or Sketch:

Stamp Name: _____

Quantity: _____

Date Purchased/Obtained: _____

Purchased/Obtained From: _____

Purchase Price: _____

Condition: _____

Description: _____

_____

_____

_____

_____

Additional Notes: _____

_____

_____

_____

Photograph or Sketch:

Stamp Name: _____

Quantity: _____

Date Purchased/Obtained: _____

Purchased/Obtained From: _____

Purchase Price: _____

Condition: _____

Description: _____

_____

_____

_____

_____

Additional Notes: _____

_____

_____

_____

_____

Photograph or Sketch:

Stamp Name: _____

Quantity: _____

Date Purchased/Obtained: _____

Purchased/Obtained From: _____

Purchase Price: _____

Condition: _____

Description: _____

_____

_____

_____

_____

Additional Notes: _____

_____

_____

_____

Photograph or Sketch:

Stamp Name: _____

Quantity: _____

Date Purchased/Obtained: _____

Purchased/Obtained From: _____

Purchase Price: _____

Condition: _____

Description: _____
_____
_____
_____
_____

Additional Notes: _____
_____
_____
_____
_____

Photograph or Sketch:

Stamp Name: _____

Quantity: _____

Date Purchased/Obtained: _____

Purchased/Obtained From: _____

Purchase Price: _____

Condition: _____

Description: _____

_____

_____

_____

_____

Additional Notes: _____

_____

_____

_____

Photograph or Sketch:

Stamp Name: _____

Quantity: _____

Date Purchased/Obtained: _____

Purchased/Obtained From: _____

Purchase Price: _____

Condition: _____

Description: _____

_____

_____

_____

_____

Additional Notes: _____

_____

_____

_____

_____

Photograph or Sketch:

Stamp Name: _____

Quantity: _____

Date Purchased/Obtained: _____

Purchased/Obtained From: _____

Purchase Price: _____

Condition: _____

Description: _____
_____
_____
_____
_____

Additional Notes: _____
_____
_____
_____
_____

Photograph or Sketch:

Stamp Name: _____

Quantity: _____

Date Purchased/Obtained: _____

Purchased/Obtained From: _____

Purchase Price: _____

Condition: _____

Description: _____

_____

_____

_____

_____

Additional Notes: _____

_____

_____

_____

_____

Photograph or Sketch:

Stamp Name: _____

Quantity: _____

Date Purchased/Obtained: _____

Purchased/Obtained From: _____

Purchase Price: _____

Condition: _____

Description: _____
_____
_____
_____
_____

Additional Notes: _____
_____
_____
_____

Photograph or Sketch:

Stamp Name: _____

Quantity: _____

Date Purchased/Obtained: _____

Purchased/Obtained From: _____

Purchase Price: _____

Condition: _____

Description: _____

_____

_____

_____

_____

Additional Notes: _____

_____

_____

_____

Photograph or Sketch:

Stamp Name: _____

Quantity: _____

Date Purchased/Obtained: _____

Purchased/Obtained From: _____

Purchase Price: _____

Condition: _____

Description: _____

_____

_____

_____

_____

Additional Notes: _____

_____

_____

_____

_____

Photograph or Sketch:

Stamp Name: _____

Quantity: _____

Date Purchased/Obtained: _____

Purchased/Obtained From: _____

Purchase Price: _____

Condition: _____

Description: _____

_____

_____

_____

_____

Additional Notes: _____

_____

_____

_____

Photograph or Sketch:

Stamp Name: _____

Quantity: _____

Date Purchased/Obtained: _____

Purchased/Obtained From: _____

Purchase Price: _____

Condition: _____

Description: _____
_____
_____
_____
_____

Additional Notes: _____
_____
_____
_____
_____

Photograph or Sketch:

Stamp Name: _____

Quantity: _____

Date Purchased/Obtained: _____

Purchased/Obtained From: _____

Purchase Price: _____

Condition: _____

Description: _____

_____

_____

_____

_____

Additional Notes: _____

_____

_____

_____

_____

Photograph or Sketch:

Stamp Name: _____

Quantity: _____

Date Purchased/Obtained: _____

Purchased/Obtained From: _____

Purchase Price: _____

Condition: _____

Description: _____
_____
_____
_____

Additional Notes: _____
_____
_____
_____

Photograph or Sketch:

Stamp Name: _____

Quantity: _____

Date Purchased/Obtained: _____

Purchased/Obtained From: _____

Purchase Price: _____

Condition: _____

Description: _____

_____

_____

_____

Additional Notes: _____

_____

_____

_____

Photograph or Sketch:

Stamp Name: _____

Quantity: _____

Date Purchased/Obtained: _____

Purchased/Obtained From: _____

Purchase Price: _____

Condition: _____

Description: _____
_____
_____
_____

Additional Notes: _____
_____
_____
_____

Photograph or Sketch:

Stamp Name: _____

Quantity: _____

Date Purchased/Obtained: _____

Purchased/Obtained From: _____

Purchase Price: _____

Condition: _____

Description: _____

_____

_____

_____

_____

Additional Notes: _____

_____

_____

_____

_____

Photograph or Sketch:

Stamp Name: _____

Quantity: _____

Date Purchased/Obtained: _____

Purchased/Obtained From: _____

Purchase Price: _____

Condition: _____

Description: _____

_____

_____

_____

_____

Additional Notes: _____

_____

_____

_____

_____

Photograph or Sketch:

Stamp Name: _____

Quantity: _____

Date Purchased/Obtained: _____

Purchased/Obtained From: _____

Purchase Price: _____

Condition: _____

Description: _____

_____

_____

_____

_____

Additional Notes: _____

_____

_____

_____

_____

Photograph or Sketch:

Stamp Name: _____

Quantity: _____

Date Purchased/Obtained: _____

Purchased/Obtained From: _____

Purchase Price: _____

Condition: _____

Description: _____

_____

_____

_____

Additional Notes: _____

_____

_____

_____

Photograph or Sketch:

Stamp Name: _____

Quantity: _____

Date Purchased/Obtained: _____

Purchased/Obtained From: _____

Purchase Price: _____

Condition: _____

Description: _____

_____

_____

_____

_____

Additional Notes: _____

_____

_____

_____

_____

Photograph or Sketch:

Stamp Name: _____

Quantity: _____

Date Purchased/Obtained: _____

Purchased/Obtained From: _____

Purchase Price: _____

Condition: _____

Description: _____
_____
_____
_____
_____

Additional Notes: _____
_____
_____
_____
_____

Photograph or Sketch:

Stamp Name: _____

Quantity: _____

Date Purchased/Obtained: _____

Purchased/Obtained From: _____

Purchase Price: _____

Condition: _____

Description: _____
_____
_____
_____
_____

Additional Notes: _____
_____
_____
_____
_____

Photograph or Sketch:

Stamp Name: _____

Quantity: _____

Date Purchased/Obtained: _____

Purchased/Obtained From: _____

Purchase Price: _____

Condition: _____

Description: _____

_____

_____

_____

_____

Additional Notes: _____

_____

_____

_____

Photograph or Sketch:

Stamp Name: _____

Quantity: _____

Date Purchased/Obtained: _____

Purchased/Obtained From: _____

Purchase Price: _____

Condition: _____

Description: _____

_____

_____

_____

_____

Additional Notes: _____

_____

_____

_____

_____

Photograph or Sketch:

Stamp Name: _____

Quantity: _____

Date Purchased/Obtained: _____

Purchased/Obtained From: _____

Purchase Price: _____

Condition: _____

Description: _____
_____
_____
_____
_____

Additional Notes: _____
_____
_____
_____

Photograph or Sketch:

Stamp Name: _____

Quantity: _____

Date Purchased/Obtained: _____

Purchased/Obtained From: _____

Purchase Price: _____

Condition: _____

Description: _____
_____
_____
_____
_____

Additional Notes: _____
_____
_____
_____
_____

Photograph or Sketch:

Stamp Name: _____

Quantity: _____

Date Purchased/Obtained: _____

Purchased/Obtained From: _____

Purchase Price: _____

Condition: _____

Description: _____
_____
_____
_____
_____

Additional Notes: _____
_____
_____
_____
_____

Photograph or Sketch:

Manufactured by Amazon.ca
Bolton, ON